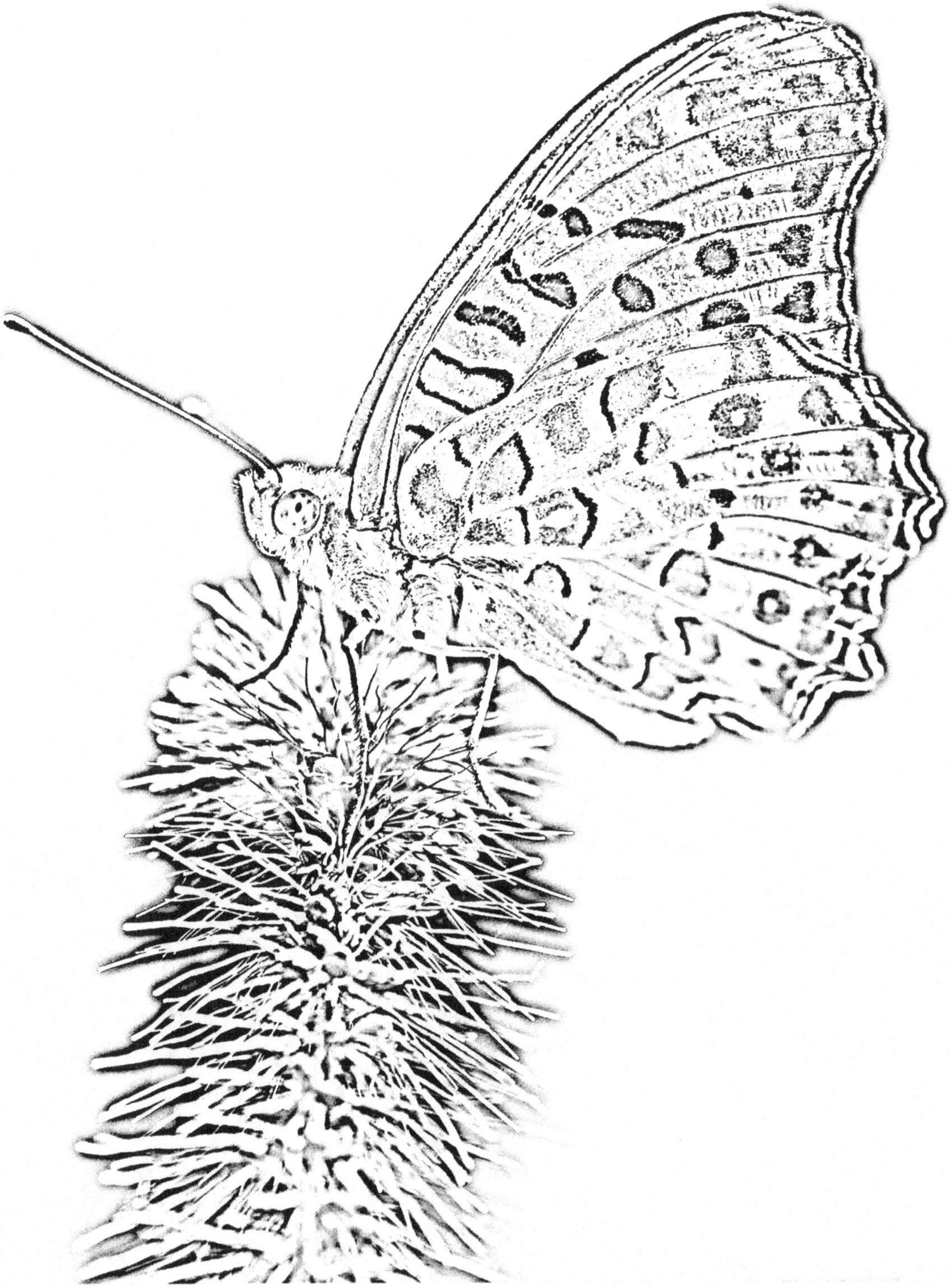

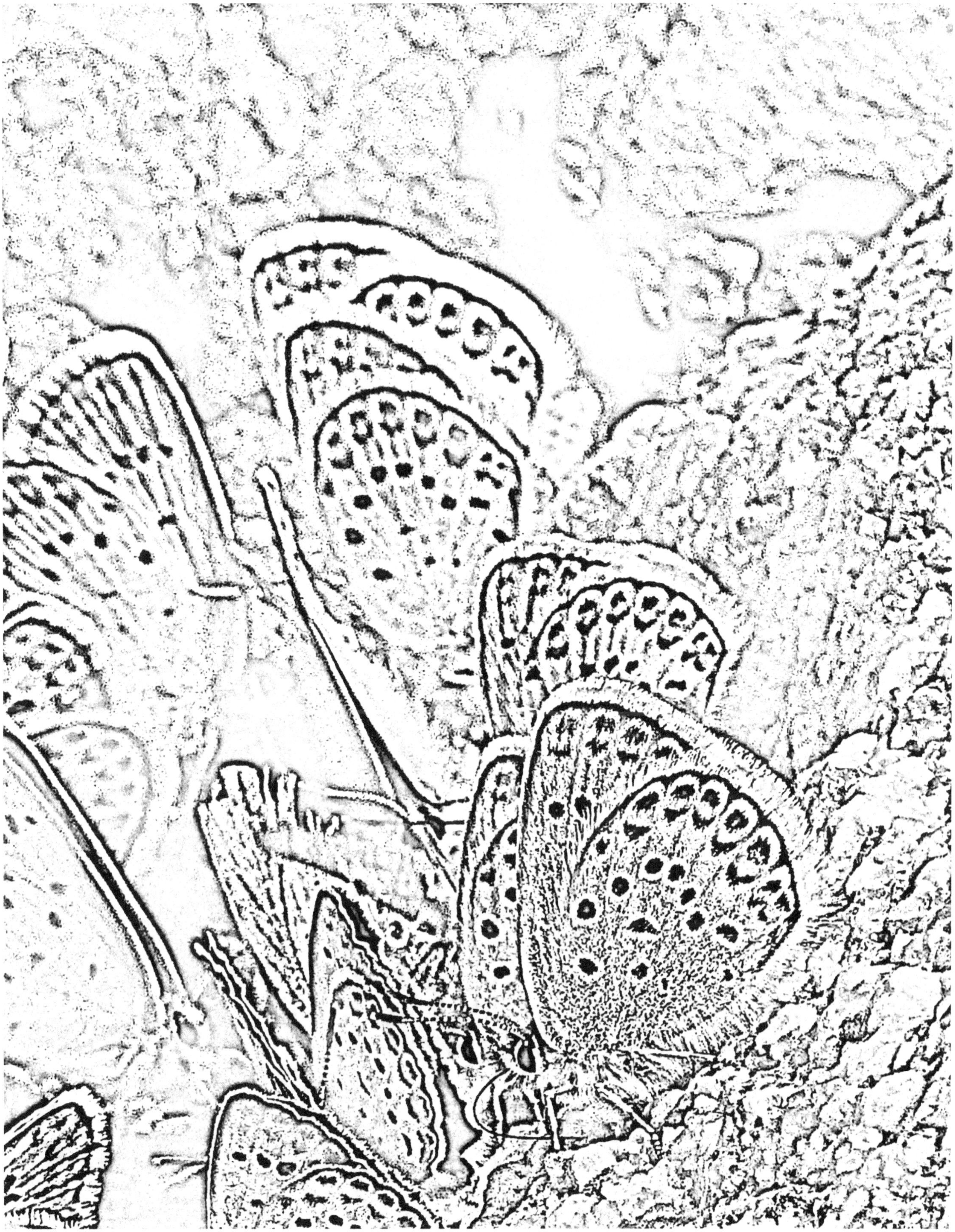

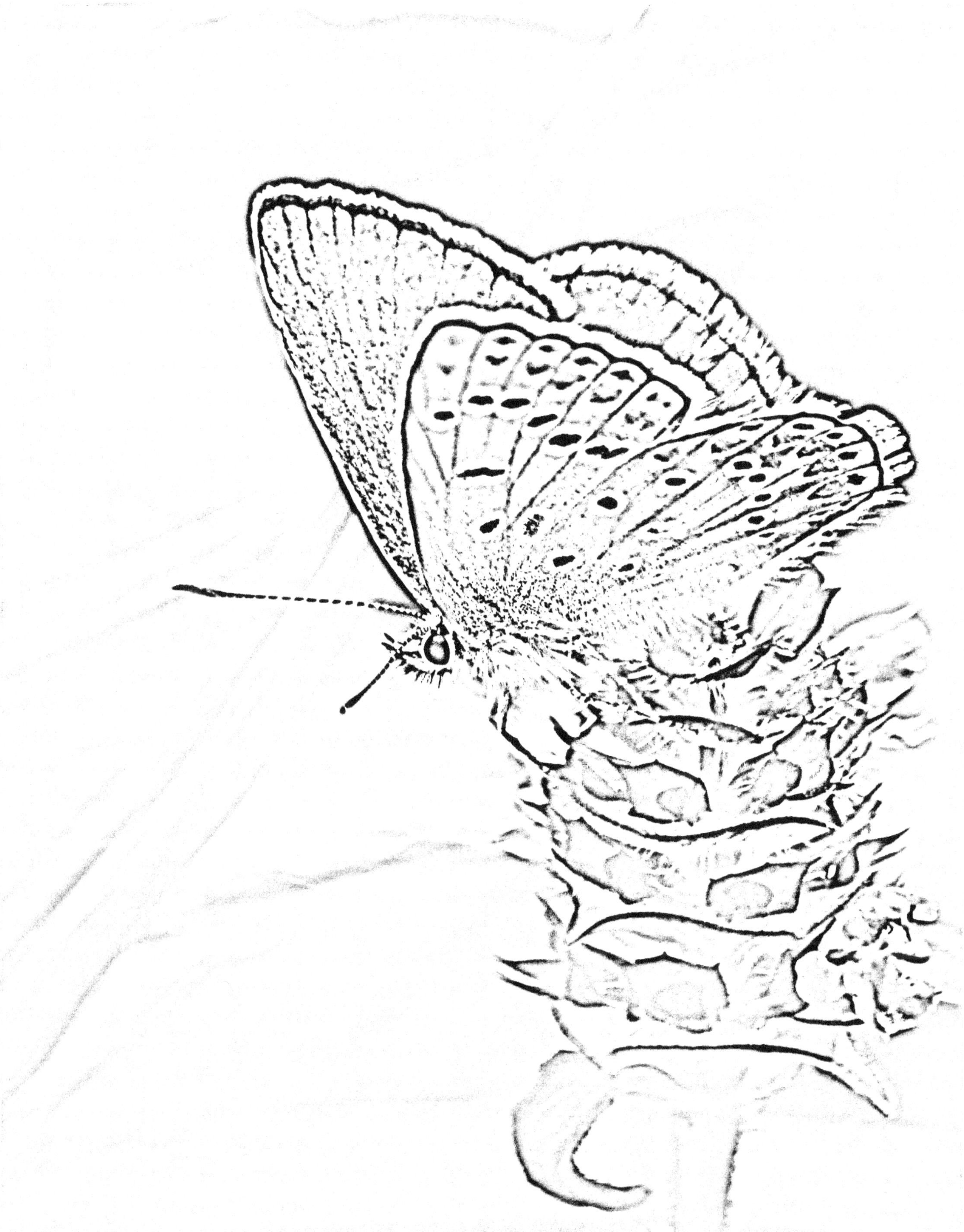

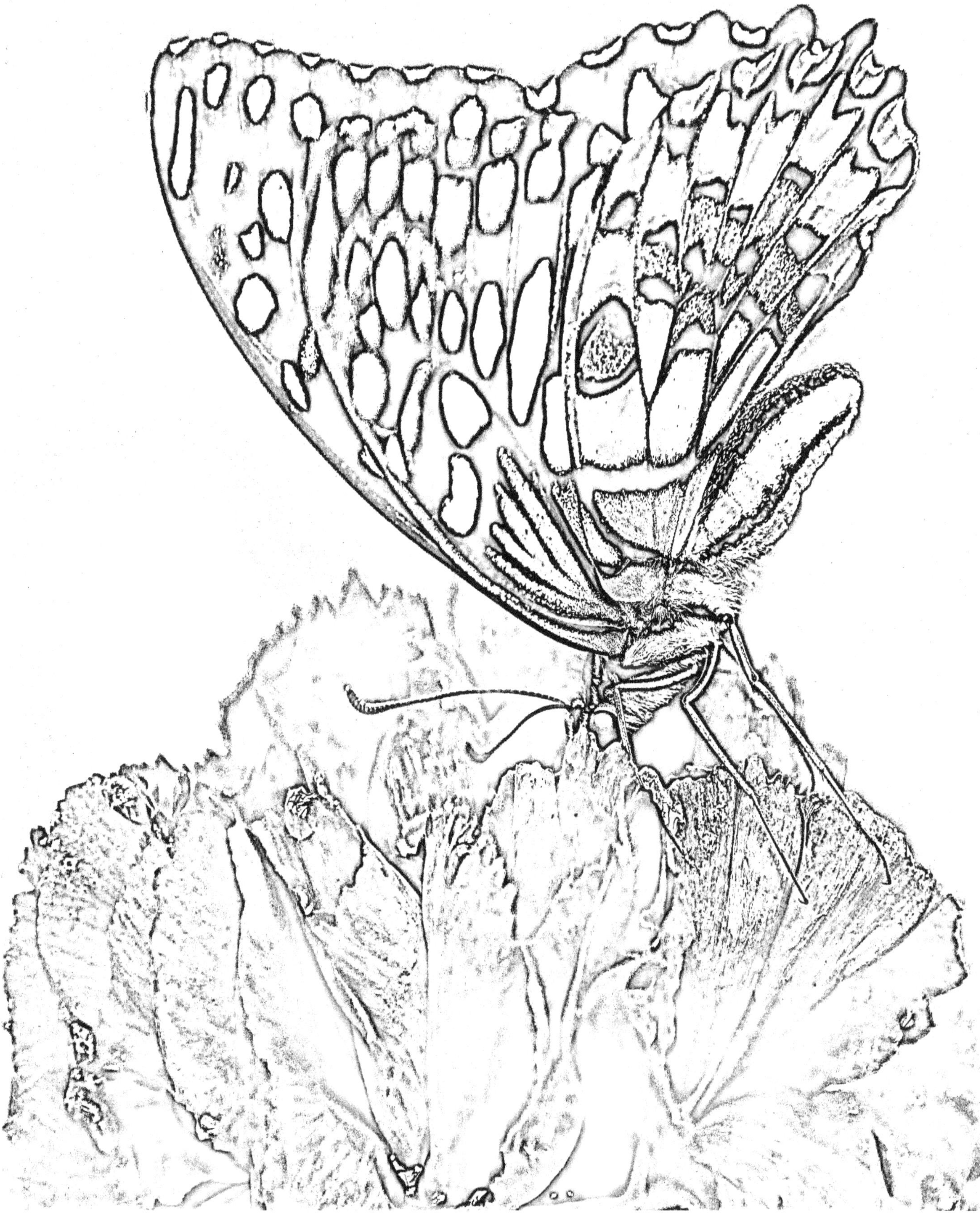

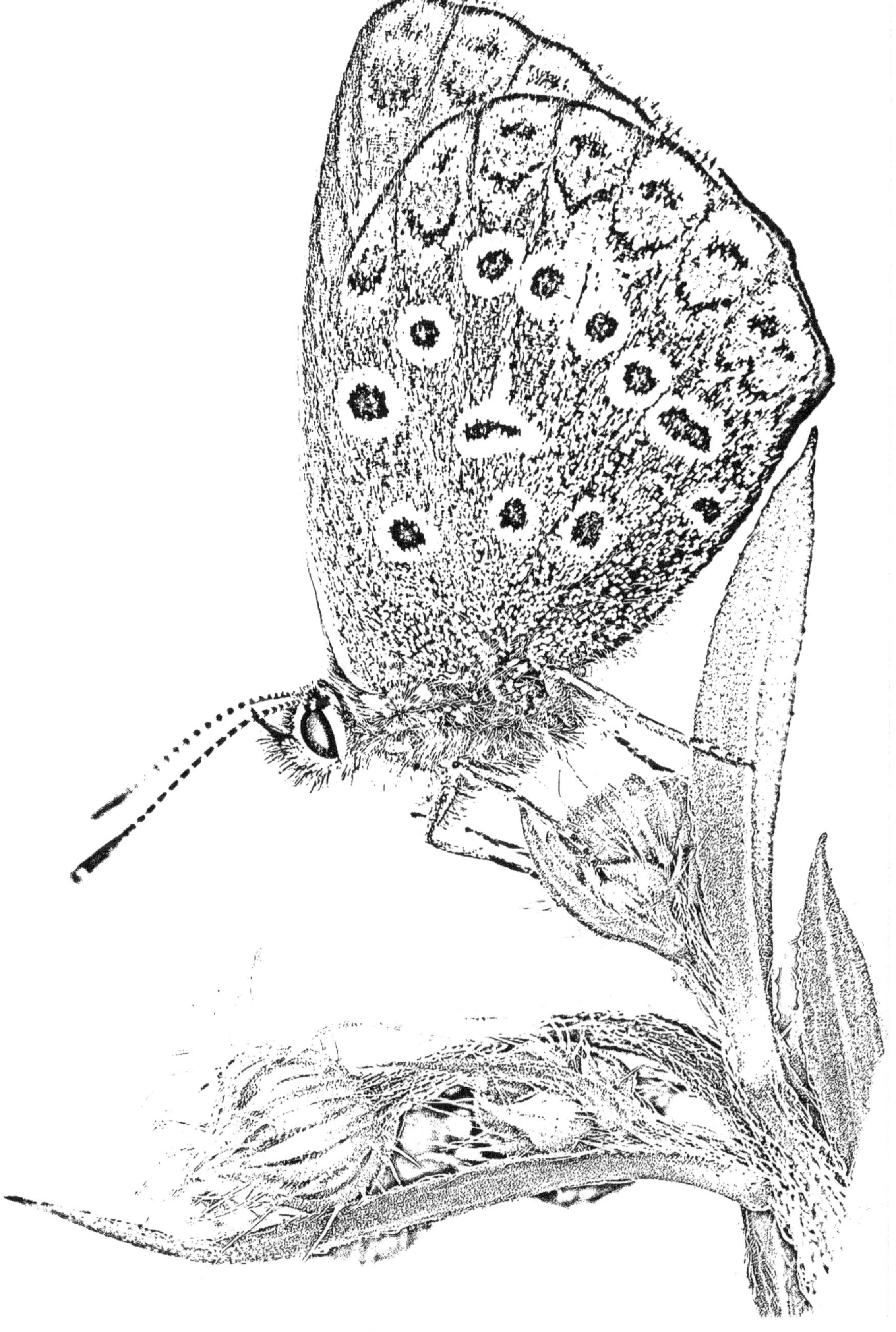

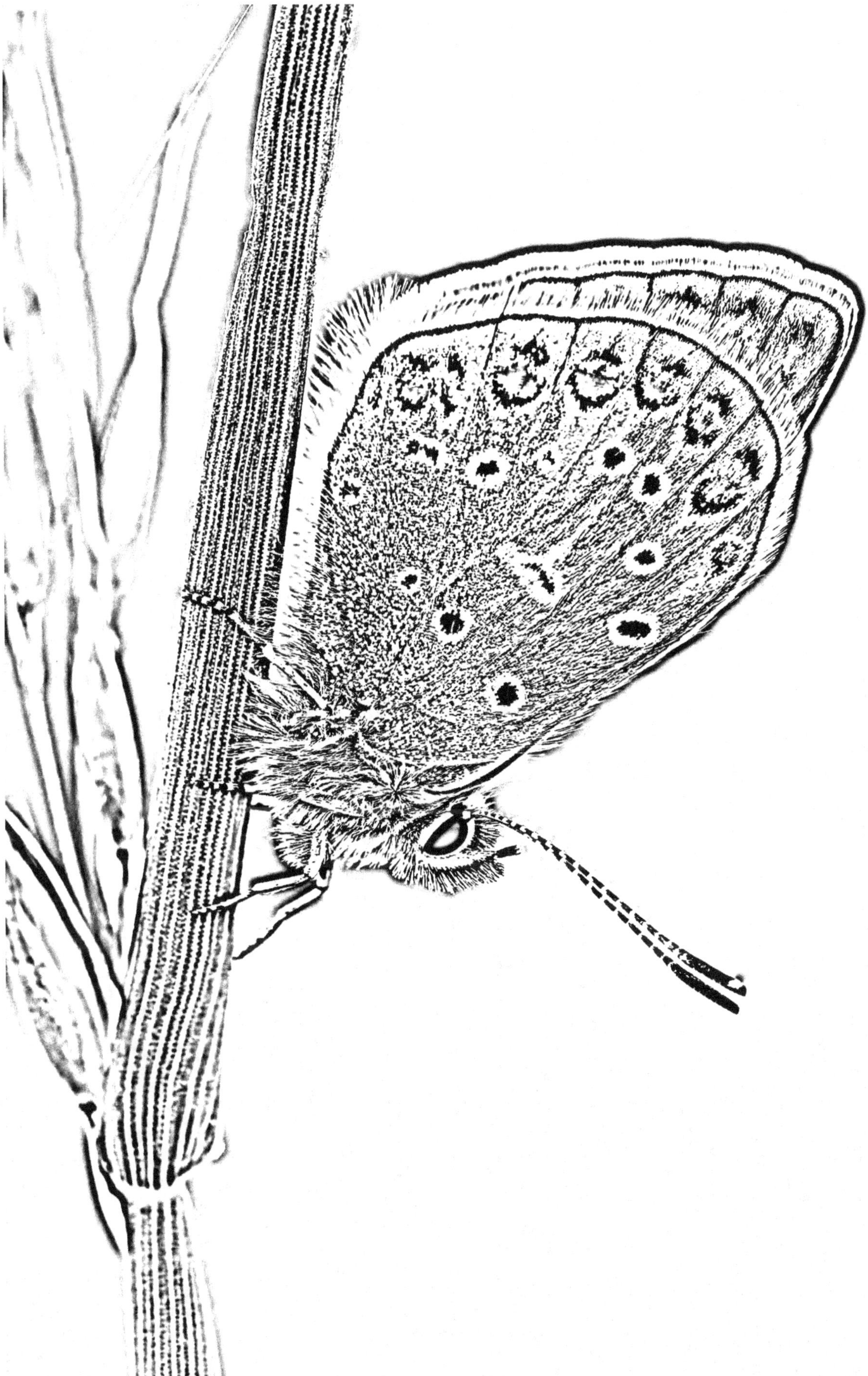

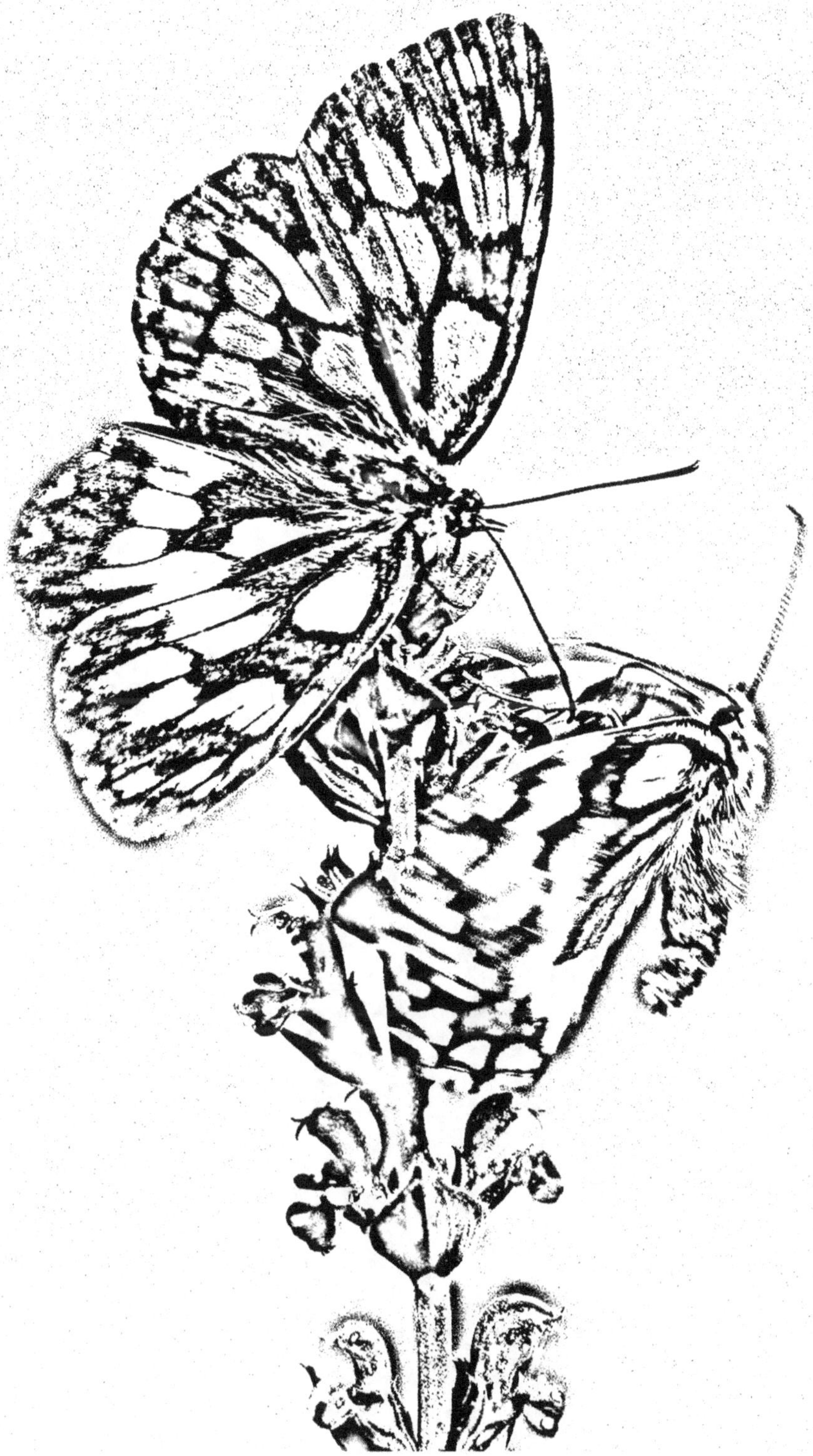

www.ingramcontent.com/pod-product-compliance
Lightning Source LLC
Chambersburg PA
CBHW081749280526
45789CB00008B/2795
* 9 7 8 1 5 4 0 5 2 4 6 8 3 *